*Karl Robert Langewiesche*

# Tore, Türme und Brunnen aus vier Jahrhunderten deutscher Vergangenheit

EHV
HISTORY

*Karl Robert Langewiesche*

**Tore, Türme und Brunnen aus vier Jahrhunderten deutscher Vergangenheit**

*ISBN/EAN: 9783955641818*

*Auflage: 1*

*Erscheinungsjahr: 2013*

*Erscheinungsort: Bremen, Deutschland*

EHV
HISTORY

# Tore /
# Türme und Brunnen
## aus vier Jahrhunderten deutscher
## Vergangenheit

Der Schöne Brunnen in Neiße

1922

76. bis 100. Tausend. Mit sechzig Bildseiten. Königstein im Taunus und Leipzig

## Karl Robert Langewiesche / Verlag

Vom Marktbrunnen in Goslar

Die Urheber der photographischen Aufnahmen sind:
Pfarrer Bandelow in Zahle: 35. — Ingenieur Ferdinand Corell in Nürnberg: 8, 13, 15. — Buchhandlung Duncker in Friedland: 50, 52. — Hofphotograph Eberth in Kassel: 44. — Hofphotograph Fröhlich in Dinkelsbühl: 21. — Atelier Klara Gädeke in Lübeck: 56, 57, 59. — Gottheil & Sohn in Danzig: 49. — Schriftsteller Hugo Hein in Stuttgart: 12, 16, 18. — Atelier Susanna Homann in Darmstadt: 30. — F. Klement in Frankfurt a. Main: 5. — Hermann Lorch in Dortmund: 61. — Staatliche Bildstelle Berlin: 46, 53. — Buchhandlung Michelsen in Speyer: 9. — Geh. Baurat Friedrich Müller in Darmstadt: 14, 17, 20, 27, 47. — Christof Müller in Nürnberg: 37. — Franz Reichel in Neubrandenburg: 54. — Neue Photographische Gesellschaft in Berlin: 7. — Techno-photogr. Archiv in Friedenau: 33, 51, 58. — Dr. Erwin Quedenfeldt in Düsseldorf: 60, 62, 63. — H. Rehnert in Löwenberg: 45. — B. Reiffenstein in Wien: 43. — August Rupp in Saarbrücken: 22, 25, 29. — Hofphotograph Schilling in Königstein i. T.: 23. — Gustav Schnauffer in Stuttgart: 31. — M. Stich in Nürnberg: 26. — Hofphotograph Stickauer in Ulm a. D.: 24. — Dr. F. Stoedtner in Berlin NW: 28, 34, 36. — A. v. d. Trappen in Stuttgart: 11, 19, 32. — Josef Wlha in Baden bei Wien: 38, 40, 42. — Atelier Bertha Zillessen in Bautzen: 48. — Eigenaufnahme des Verlages Karl Robert Langewiesche: 6. — Aus „Ostsee und Ostland", III. Band, Verlag Lehmann in Berlin: 64. — Aus Below, Deutsches Städtewesen, Verlag Velhagen & Klasing: 55. — Nach Zeichnungen des sehr schönen, besonders für Architekten bestimmten Mappenwerks von A. Heubach: „Monumentalbrunnen Deutschlands, Oesterreichs und der Schweiz des 13. bis 18. Jahrhunderts" wurde mit gütiger Erlaubnis des Verlages Chr. Herm. Tauchnitz in Leipzig sehr stark verkleinert, die Zeichnung der Titelseite wiedergegeben. Sonstige Literatur, auf welche sich die Herausgabe des Bandes stützt: Dehio, Handbuch der Deutschen Kunstdenkmäler, 5 Bände. — Corell, Deutsche Brunnen. — Ebhardt, Einfluß des mittelalterlichen Wehrbaus auf den Städtebau. — Franz, Bilder aus der Geschichte des deutschen Städtewesens. — Sidel, Das Stadttor im Stadtbild. — Druck: Emil Hertmann sen. in Leipzig. Alle Rechte bleiben vorbehalten. Amerikanisches „Copyright".

Duderstadt in Hannover: Beispiel einer Befestigung mit doppeltem Mauerring. 17. Jahrh. Nach Merian.

Gemeinsam ist den beiden Gebieten mittel-alterlich-bürgerlicher Bautätigkeit, welche das Doppelthema dieses Bandes bilden, der in beiden Fällen auf den direkten Nutzen der bürger-lichen Gemeinschaft hinzielende Zweck einerseits und der Umstand andererseits, daß Gemeinsinn, Bürgerstolz und Kunstfreudigkeit in beiden Fäl-len je länger je mehr über den reinen Zweck-gedanken hinausdrängten zu künstlerischer Ge-staltung.

Dennoch sei an den Anfang dieser Vorbe-merkung das Geständnis gestellt, daß es vor-wiegend äußere Gründe sind, welche zur Zu-sammenfassung der beiden so verschiedenen The-men in einem Bande führten: Wenn nämlich bei den anderen, der mittelalterlichen Baukunst gewidmeten Bänden der Sammlung, für jedes Einzelthema je ein selbständiger Band das Mindeste war, mit dessen Hilfe sich eine be-friedigende Vorstellung erreichen ließ, so schien den beiden Themen des vorliegenden Bandes auch ein gemeinsamer Band schon ge-nügend Raum zu bieten, um für jedes der bei-den Themen die nach Zeit und Landschaft so verschiedenen Haupttypen in ihren wichtigsten und schönsten Vertretern zu zeigen.

Irgendeine Vollständigkeit zu erreichen, kann an sich nicht Absicht eines solchen Bandes sein, und insbesondere die Liebe zur engeren Heimat wird immer das Fehlen des einen oder anderen heimischen Objektes zu tadeln haben, weil sie seine Bedeutung und Einzigartigkeit zu über-schätzen geneigt sein wird. Es sei aber aus-drücklich ausgesprochen, daß einige der bekann-testen Werke nur deshalb fehlen, weil Unver-stand oder Lieblosigkeit des 19. Jahrhunderts sie so verdorben haben, daß ihre bildliche Wie-dergabe keine reine Freude mehr ermöglicht. Tore, die man zurechtmacht wie das Schwaben-tor in Freiburg, Brunnen, die man durch geist-loses Gitterwerk verdirbt, wie den Tugendbrun-nen in Nürnberg, haben in einer dem leben-digen Genuß dienenden Darstellung kein Bürger-recht.

Die zeitliche Begrenzung ist dieselbe wie bei den „Bürgerbauten" und den „Burgen und Schlössern" der Sammlung: vor Eintritt der Herrschaft des Barock schließt also auch dieser Band. Auch die Anordnung der Bilder ist ähn-lich wie bei genannten Bänden keine historisch-stilistische, sondern eine ungefähr geographische: im Rhein-Main-Gebiet beginnend, und in großen Kurven erst durch Süd-, dann durch Nord-Deutschland hindurch gehend.

Die Befestigung gehörte zum eigentlichen Wesen der mittelalterlichen Stadt. Sie war Lebensnotwendigkeit der Stadt selbst, nicht wie bei den späteren Festungen Lebensnotwendig-keit eines größeren Territoriums. Und wie sehr diese Notwendigkeit im Bewußtsein der Bürger lebendig war, mag der Umstand erhellen, daß noch heute von den 300 bedeutendsten Städten des Reichs mehr als 70 ein Stadttor im Wappen führen. Innerhalb der Gesamtbe-festigung aber mußte den Toren von selbst eine besondere Bedeutung zufallen. Hatten die üb-rigen Teile der Befestigung nur die eine Auf-gabe, das Stadtinnere gegen die Außenwelt ab-zusperren, so fiel den Toren die doppelte Aufgabe zu, zu schließen und zu öffnen, zu trennen und zu verbinden. Sie wurden durch den Widerspruch dieser Doppelaufgabe der schwächste Punkt der Gesamtanlage und auf ihre Verstärkung mußte sich die Hauptsorge richten.

Die altgermanische, sich bis tief in das Mittel-alter hinein erstreckende Befestigungsart war Graben und Wall. Letzterer mit hölzernen Pali-saden auf seinem Scheitel. Innerhalb solcher Befestigungsanlage sind auch die Tore aus Holz zu denken. Mit zunehmender Kenntnis des Steinbaus wurde aber naturgemäß grade bei den Befestigungsanlagen das Holz mit am ersten durch den Stein verdrängt: der stärkere Schutz gegen feindlichen Angriff, die größere Wider-standskraft gegen Feuer und Witterung werden eine Stadt vielfach schon zu gemauertem Be-festigungsgürtel und gemauerten Toren geführt

haben, während auch die wohlhabenden Einzel-
bürger sich noch auf lange hin mit Häusern
aus Holz begnügten. Und indem im Fortgang
der Zeiten die zu erwartende durchschnittliche
Stärke feindlicher Angriffe zunahm, wurde dann,
wenigstens in allen größeren und reicheren
Städten, aus dem einfachen Befestigungsring
ein doppelter, besonders aber aus dem einfachen Tor ein Doppeltor, dem nicht selten noch
ein drittes Außentor vorgelagert wurde, so daß
förmliche Torburgen, von in sich selbständiger
Verteidigungskraft entstanden, die häufig genug
als letzte Zuflucht noch verteidigt sein mögen,
nachdem die Stadt selbst schon vom Feinde er-
obert, vielleicht schon zerstört war.

Innentore und Außentore unter sich wurden
durch zweifache Mauern miteinander verbunden,
welche solcher Art mit Wehrgängen gekrönt
waren, daß sich von ihnen sowohl gegen den
noch von außen andrängenden Feind kämpfen
ließ, als gegen den, der etwa das Außentor
schon durchbrochen hatte und in den Raum zwischen Außen- und Innentor, den sogenannten
„Zwinger", eingedrungen war, und es liegt auf
der Hand, daß für den bis hierher vorgedrun-
genen, auf engen Raum zusammengepreßten,
aber von drei Seiten zugleich bekämpften An-
greifer grade dieser „Zwinger" gefährlich, ja
verderblich zu sein pflegte.

Zu bedeutender Höhe erhob sich stets nur
das weiter Ausschau dienende Innentor und
auch die bewußt künstlerische Gestaltung und
feinere architektonische Gliederung pflegte sich
der Regel nach auf das Innentor zu beschränken,
während die heute nur noch selten erhaltenen
Außentore im allgemeinen nicht über die reine
Zweckmäßigkeit hinausgingen. Außentore von
der Pracht derjenigen in Neubrandenburg sind
durchaus als Ausnahme zu betrachten. In der
reichen und kräftigen architektonischen Ausge-
staltung der Innentore aber sprach sich wohl
ebenso sehr das nach außen gekehrte Stolz des
Bürgers aus, der dem Fremden Bedeutung und
Wohlhabenheit der Stadt sogleich verdeutlichen
wollte, als die Freude an der malerischen und
künstlerischen Gestaltung des Stadtinneren, der
Bühne des gemeinsamen täglichen Lebens, für
welche die durch die Tore gegebenen Straßen-
abschlüsse ein wichtiges und mit dem hohen bau-
künstlerischen Takt unserer Väter stets glänzend
benutztes Mittel abgaben.

„. . . Welch überwältigenden Eindruck muß

der Fremdling, der zum ersten Male vor solchen
Toren stand, in sich aufgenommen haben, welch
unauslöschliches Bild muß sich dem geboten
haben, der durch Winterstürme und Regen den
schirmenden Torbau erreichte, oder der aus
strahlender Sonnenglut und Hitze in den küh-
len Schatten der mächtigen Wölbung eintrat.
Im einzelnen monumental in der edelsten Weise
ausgebildet, im ganzen gewaltig geschlossen, lag
das Bild einer mittelalterlichen Stadt vor dem
Beschauer . . ." (: Bodo Ebhardt:)

Derselbe fast unfehlbare baukünstlerische Takt,
den so viele Tortürme in Aufbau, Gliederung
und Schmuck zeigen, tritt uns auch bei den
alten Brunnenbauten entgegen. „. . . Nicht nur
erscheinen sie immer am rechten Fleck, so daß
sie mit ihrer Umgebung, soweit diese noch die
alte ist, ein organisches Ganzes bilden, sondern
auch in ihren Abmessungen sind sie immer auf
das glücklichste durchgebildet. Nie sind sie zu
klein oder zu groß, nirgends erscheint bei aller
Freiheit der Komposition ein Glied bedeutungs-
los und willkürlich, immer stimmt eins zum
andern; gut abgewogen erscheint besonders das
Verhältnis des plastischen Schmuckes zur architektonischen Gliederung, und erstaunlich ist die
Sicherheit, mit der immer alle Teile zu einem
harmonischen Ganzen zusammengestimmt sind.
Mögen die Beispiele einfach oder reich sein, so
kann doch nie von Armseligkeit noch von Über-
ladung die Rede sein . . ." (Cornell.)

Und wenn wir heute mit Freude bekennen
dürfen, daß auch die letzten deutschen Jahrzehnte
wieder grade große und kleine Brunnen von
lebendigstem Gefühl und großer künstlerischer
Kraft geschaffen haben, welche den besten Werken
der Väter vergleichbar erscheinen: eines ist den
heutigen Brunnen unerreichbar, die zentrale
Stellung im Leben der Bürger, die den mittelalterlichen Brunnen als der gemeinsamen
Wasserquelle ganzer Stadtbezirke eignete: Hier
trafen sich täglich die Frauen und die Mägde
beim Wasserholen und · hierher zielten bei den
zahllosen Bränden die sorgenden Gedanken der
Männer. Und der letzte Nachklang dieses Lebens
der vielen „lieben alten Vorfahren, die vor uns
in dem Leben waren" ist es wohl, der noch heute
im leisen Plätschern eines schönen Brunnens in
der nächtlichen Stille einer alten Stadt zu uns
spricht.

R. R. L.

Gerechtigkeitsbrunnen auf dem Römerberg in Frankfurt am Main.

Brunnen von 1543. Figur der Gerechtigkeit von 1611, im 19. Jahrh. erneuert.

## Marktbrunnen in Mainz.

Ältester und schönster Renaissance-Brunnen des Reichs. 1526 von Erzbischof Albrecht von
Brandenburg errichtet. Ornament an Peter Flötner erinnernd.

Der Runde Turm in Andernach.

1448 von Meister Philipps erbaut. Der Rundbau in 33 m Höhe mit reichem Gesims abschließend.
Darüber 24 m hoher achteckiger Oberbau, von 8 kleinen Giebeln und Rautenhelm gekrönt.

Brunnen im Klosterhof Lichtental bei Baden-Baden.

Säule 17. Jahrh. Schmiedeeiserne Arbeiten 19. Jahrh.

8

Das Altpörtel in Speyer.

Einer der schönsten Tortürme Deutschlands.  Im 13. Jahrh. erbaut.  Im 16. Jahrh. durch die Galerie bereichert.

### Kolmar i. Elſaß, Venusbrunnen

der Schneiderzunft. Jetzt im Muſeumshof. Zierlich und geiſtvoll.
Eins der glücklichſten Werke unter den zweiſäuligen Ziehbrunnen.

Eßlingen am Neckar, Brunnen an der Stadtkirche;
im Hintergrunde die Dyonisiuskirche.

Der „Fräuleinbrunnen" in Bietigheim.

1557 errichtet. Von alters her farbig behandelt.

### Renaiſſance-Brunnen in Horb.

Auf der mit einem Fries tanzender Kinder geſchmückten Säule die Bildnisſtatue eines Ritters von
Hohenberg. „Ritterbrunnen“ ähnlicher Art aus der Mitte des 16. Jahrh. in Schwaben ſehr häufig.

An der Stadtmauer bei Merkendorf.

Typische Befestigung einer ganz kleinen fränkischen Stadt.

Marktbrunnen in Schwäbisch Gmünd.

Die Madonna doppelseitig. Errichtet 1686. Das Rathaus im Hintergrund aus 1783.

**Marktbrunnen in Urach.**

Gotische Spitzpyramide mit vielen Statuetten. Gemeinschaftliches
Werk Meister Peters von Koblenz und Meister Christofs von Urach.

Stadtmauer und Grüner Turm in Dinkelsbühl.
15. Jahrh.

St. Georgsbrunnen in Schwäbisch Hall.

1509 als „Fischkasten" errichtet. Links: Simson, den Löwen bezwingend. Rechts: St. Georg. In der Mitte: St. Michael.

Die Türme von Ravensburg. Im Vordergrunde der 65 m hohe „Mehlsad".

Turmgruppe an der Stadtmauer in Rothenburg o. d. T.

Bäuerleinsturm und befestigte Stadtmühle in Dinkelsbühl.

Rothenburg o. d. T. An der Stadtmauer.

Jerusalemer Tor in Büdingen. 1503 erbaut. Das Tor bekundet die bamals neuen Befestigungsmethoden mit eindrucksvoller künstlerischer Gestaltung.

23

Der „Fiſchkaſten" in Ulm.

1482 von Meiſter Syrlin d. Ä. an der Südoſtecke des alten Rathauſes erbaut.

St. Georgsbrunnen in Rothenburg o. d. T.

1608 gegenüber dem Rathause errichtet. „Ein Prachtexemplar seiner Gattung".
Steinmetzen: Hans Schweinsberger und Stoffel Kößner.

Der Apollobrunnen in Nürnberg.

1532 von Hans Vischer gegossen; jetzt im Hof des Rathauses aufgestellt.

Löwenbrunnen und Wörnitztor in Dinkelsbühl.

Gänsemännchen=Brunnen in Nürnberg.
Werk des Pankraz Labenwolf. Um 1550.

An der Stadtmauer in Rothenburg o. d. T.

Merkurbrunnen in Augsburg.

1596—1599 errichtet. Entwurf von Adrian de Vries, Guß von Wolfgang Neidhard aus Ulm.

Das Rothenburger Tor in Dinkelsbühl.
Doppeltor aus der Renaissancezeit.

Ravensburger Tor in Wangen i. Allgäu.
Eigenartiges Werk der Renaissance   Der Brunnen 18. Jahrh.

Brunnen bei der Stadtpfarrkirche in Regensburg
mit Blick auf den Dom.

Blick auf die Stadtmauer von Rothenburg o. d. T.

Kapellenplatz-Brunnen in Rothenburg o. d. T.
Einfacher, aber im gleichen Ornamentcharakter wie der St. Georgsbrunnen (Seite 23).

Der Perseusbrunnen in München.

Im „Grottenhof" der Residenz. Ende des 16 Jahrhunderts.
Nach Zeichnung Peter Candids gegossen von B Wenglein.

Der „Schöne Brunnen" in Nürnberg.

1385 bis 1396 erbaut. Gesamtentwurf wahrscheinlich von Heinrich dem Palier. Erneuert um 1900.

Der Floriansbrunnen in Salzburg.

Der Münzturm in Hall in Tirol.

### Altstaedter Brückenturm in Prag.

Am rechten Ufer der 1357 von Peter Parler aus Schwäbisch Gmünd begonnenen Karlsbrücke.
über dem Torbogen: in der Mitte der H. Siegismund, daneben Kaiser Karl IV.
und Kaiser Wenzel IV. Im 19. Jahrh. wiederhergestellt.

Das Ellingertor in Weißenburg am Sand.

Doppeltor teilweise aus gotischer Zeit.

### St. Georgsbrunnen in Prag.

Auf dem Hradschin. 1373 vom deutschen Meister Nicolaus (?) von Klausenburg gegossen. Das Pferd 1562 teilweise erneuert.

Das Wiener Tor in Hainburg a. d. D.
Die hier nicht sichtbare Stadtseite des gewaltigen Tores zeigt zwei auf die
Nibelungensage weisende Hochreliefs.

Brunnen im Renthof in Kassel.

Um 1600. Sitzende Statue in römischer Feldherrntracht.

Löwenberg in Schlesien.
Stadtmauer um 1600. Pfarrkirche etwa 1490—1560.

Neptunsbrunnen im Merseburger Schloßhof.

Wahrscheinlich aus der Zeit des 1605 begonnenen Schloßumbaus durch Melchior Brunner.

Der Rote Turm in Halle a. S.

Freistehender, 1418—1506 erbauter Glockenturm. Erdgeschoß Rechteck. Darüber verzogenes Achteck.
Schlanker Helm. Die kleinen Ecktürmchen vielleicht erst Ende des 16. Jahrh.
„Neugotischer" unterer Umbau aus dem 19. Jahrh.

Der Reichenturm in Bautzen.

über altem Rundbau viereckiger späterer Helm.

Das Krahnentor in Danzig.

Rechteckiger Bau mit halbrunden Ecktürmen von 1411   überhöhter Mittelbau mit der Krahnvorrichtung.  (Tretmühle).

Das Neubrandenburger Tor in Friedland in Mecklenburg.
Backſteinbau aus dem 15. Jahrh.

50

Das Schwedter Tor in Königsberg i. d. Neumark.

Backsteinbau aus dem Anfang des 15. Jahrh.

Anklamer Tor in Friedland in Mecklenburg.

Ebenfalls 15. Jahrh. und von ähnlicher derber Kraft des Aufbaues wie das S. 50 abgeb. Tor.

Schwedter Torturm in Prenzlau.
Oben: Zweite Hälfte des 15. Jahrh. Unterer Teil älter.

Das Stargarder Tor in Neubrandenburg.

15 Jahrh. Stadtseite d. prächtigen Doppeltors. Die weiblichen Gestalten unter d. Giebel sind nicht geklärt.

Das Üngelinger Tor in Stendal.

Anfang des 15. Jahrh. Prächtigstes Stadttor der Mark Brandenburg. „Die Kunstform
des Zinnenkranzes zu einem Reichtum gesteigert, der über die Aufgaben des Wehrbaus
weit hinausgeht."

Das Burgtor in Lübeck.

1444 von Stadtbaumeister Nicolaus Peck erbaut. Ursprünglich dreifach. Glasierte Maßwerkfriese.

Das Holstentor in Lübeck.

1466—1478 von Heinrich Helmstede erbaut. 1871 erneuert. Reich gegliederter Mittelbau zwischen gedrungenen Rundtürmen.

Das Treptower Tor in Neubrandenburg. 15. Jahrh. Zeitblüte der prachtvollen Doppeltors. Dach des Außentors fast verdeckt von Wimpergen mit reichem Maßwerk.

Außenansicht des Burgtors in Lübeck mit der Stadtmauer.

Das Klever Tor in Xanten.

Erbaut 1393. Doppeltor. Eines d. wenigen am Niederrhein noch erhaltenen Beispiele dieses früher dort häufigen Typus.

Das Osthoventor in Soest.
1523—1530 von Meister Porphyrius aus Hessen erbaut.

Das Kuhtor in Kempen am Niederrhein.
Um 1370 erbaut. Mächtiger Backsteinbau. Die Ecktürmchen erneuert.

Der Judenturm in Zons am Niederrhein.
Gleich der übrigen Befestigung der kleinen Stadt 1373—1400 erbaut.

Der „Kiek in de Kök“ in Reval.
Erbaut 1532 vom Hochmeister Walter von Plettenberg.

MIX

Papier | Fördert
gute Waldnutzung

FSC® C083411

Zeitfracht Medien GmbH
Ferdinand-Jühlke-Straße 7
99095 Erfurt, Deutschland
produktsicherheit@kolibri360.de